Anni Kolvenbach

Die RÖMER

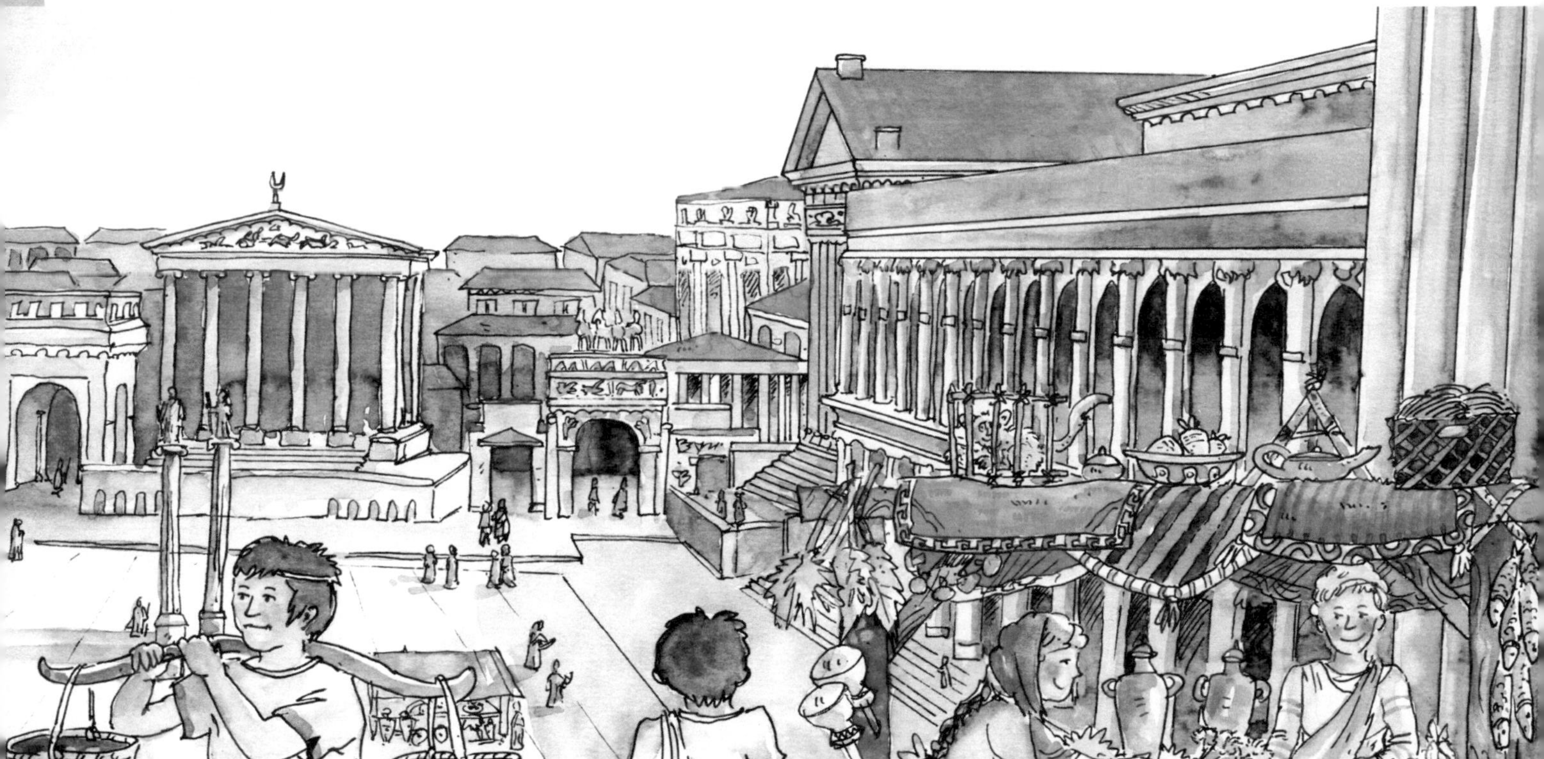

G M
3
E

7

Geschichte

Die Römer

Sonderpädagogisches Fördermaterial (Band 7)

4. Auflage 2025

Inhalt: Anni Kolvenbach
Coverbild: © waldik83 - AdoebStock.com
Redaktion: Kohl-Verlag
Grafik & Satz: Kohl-Verlag
Druck: Druckerei Flock, Köln

Bestell-Nr. 12 694

ISBN: 978-3-98558-003-3

Bildquellen © AdobeStock.com:
S. 4: multipedia; S. 6-19 und 26-31: Massimo Todaro; S. 12 i-picture, S. 20-22: Nigar; S. 23: ruskpp; S. 29-31: antiqueimages
Bildquellen © wikipedia.com:
S. 5: Fornax, S. 14-16: frei

Kontakt: Kohl-Verlag, An der Brennerei 37-45, 50170 Kerpen
Tel: +49 2275 331610, Mail: info@kohlverlag.de

Inhalt

KOHL VERLAG
DIE RÖMER
... aus der Reihe: Inklusion KONKRET (Band 7) - Bestell-Nr. 12 694

Vorwort

Liebe Kolleginnen und Kollegen,

das Feld „Inklusion" rückt immer mehr in den Bereich der Regelschulen und gerade in den geisteswissenschaftlichen Fächern ist das Material rar. Das hat mich ermutigt, mein über Jahre gesammeltes Material, neu zu sortieren und zu veröffentlichen.

DAS Kind mit einer Lernbehinderung gibt es nicht; der Grad der Lernbehinderung ist so unterschiedlich, wie die Kinder selbst.

Nur, welche Anforderungen müssen die Kinder an einer Regelschule leisten? Wie hoch darf ich meinen Anspruch „schrauben"? Wie weit muss ich in meinen Erwartungen runter gehen? Diese Fragen stellt man sich meist, wenn man ein Kind mit einer Lernbehinderung nun in einem Klassenverband der Regelschule sitzen hat.
Die Antwort ist eigentlich recht einfach: Die zu bietenden Leistungen des Kindes sind der Anspruch der Lehrer•in. Viel zentraler ist, dass die Kinder dabei sind, dass das Thema das Gleiche ist.

<u>Dazu ein kurzes Beispiel:</u> Die Klasse liest im Geschichtsbuch etwas über das Leben im alten Rom. Die SuS bearbeiten die Aufgaben und übertragen ggf. Abbildungen in ihr Heft. Schon beim Lesen beginnt oft die Hürde für ein Kind mit einer Lernbehinderung. Andere können „vorlesen" und erfassen den inhaltlichen Sinn nicht, andere könnten den Inhalt erfassen, wenn der Text etwas einfacher und kürzer wäre. Aber was das Wesentliche ist: Alle Kinder beschäftigen sich mit dem gleichen Thema, nur jeder auf eine andere Art und Weise.

Da Sie die Kinder mit einer Lernbehinderung am besten beurteilen können, haben wir jedes Thema in drei Niveaustufen aufbereitet. Die Ampel signalisiert die Niveaustufen von 1 (ganz grundlegendes Niveau) bis 3 (inhaltlich selbst erfassendes Niveau).

Und nun wünschen wir Ihnen viel Erfolg beim Einsatz unserer Kopiervorlagen- und Ideensammlung.

Der Kohl-Verlag und

Anni Kolvenbach

Name: ______________________________

Klasse: ______________________________

① ● ●

Legionen und ihre Feldzeichen

Aufgabe: Male aus.

DIE RÖMER
... aus der Reihe: Inklusion KONKRET (Band 7) – Bestell-Nr. 12 694
KOHL VERLAG

Name:____________________________

Klasse:____________________________

Legionen und ihre Feldzeichen

Aufgabe: Verbinde.

Der stärkste Krieger durfte das Zeichen der Truppe tragen.	Mehrere Krieger bildeten eine Truppe. Diese nannte man Legion.	Jeder einzelne Krieger wurde auch Legionär genannt. Jeder hatte eine Waffe.	Die Legion (Truppe) hatte Waffen. Esel oder Pferde trugen die Ausrüstung.

Name: ______________________________

Klasse: ______________________________

Legionen und ihre Feldzeichen

Aufgabe: Lies den Text und beschrifte.

Im alten Rom nannte man die Krieger Legionäre. Sie kämpften in Truppen. Diese Truppen nannte man Legionen. In einer Legion waren bis zu 6000 Legionäre. Legionäre, die besonders mutig und tapfer waren, durften das Feldzeichen tragen. Das war das Erkennungszeichen der Legion. Man nannte das Feldzeichen im alten Rom signum.

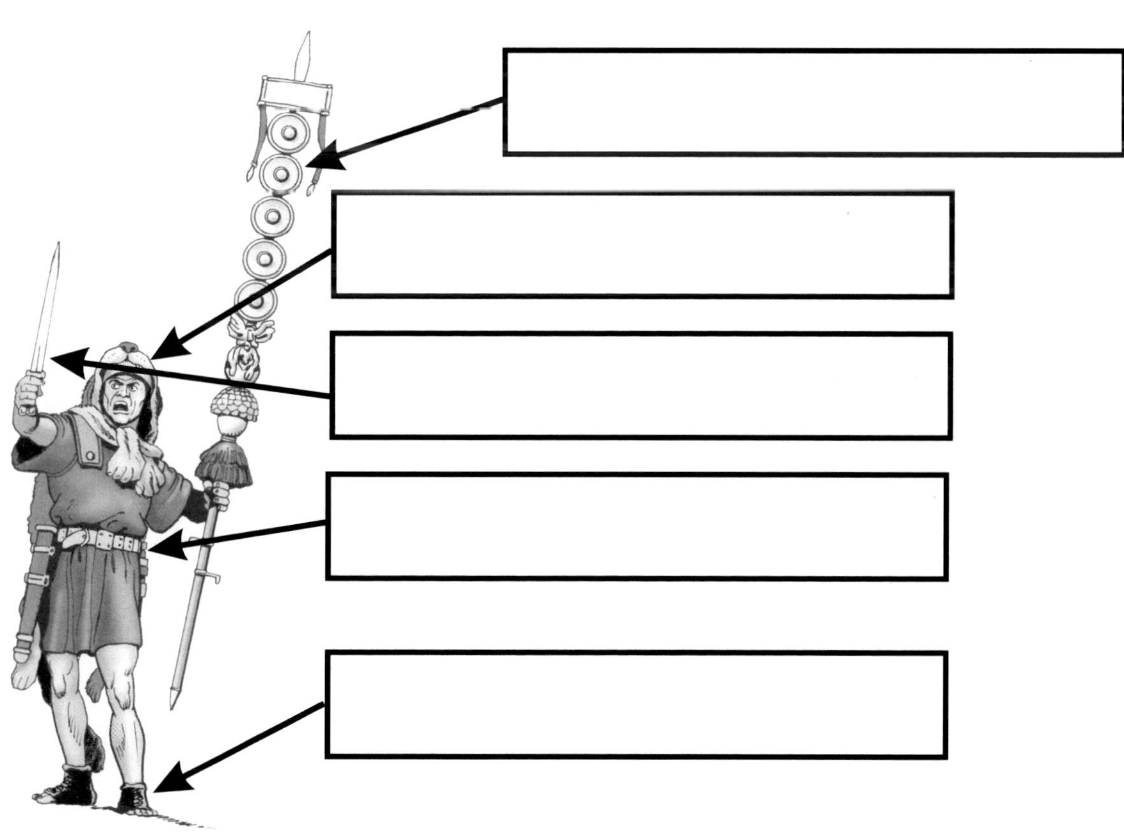

Sandalen aus Leder – Feldzeichen – Gürtel mit Metallbeschlägen – Helm – Waffe

DIE RÖMER
... aus der Reihe: Inklusion KONKRET (Band 7) – Bestell-Nr. 12 694
KOHL VERLAG

Name: ______________________________

Klasse: ______________________________

Der erste römische Kaiser: Augustus

Aufgabe: Der Mann auf der rechten Seite ist der römische Kaiser Augustus. Was könnte er erzählen? Schneide aus und klebe ein.

Mir ist wichtig, dass die Menschen gut leben können und das Frieden herrscht.

Name: ______________________

Klasse: ______________________

2

Der erste römische Kaiser: Augustus

Aufgabe: Verbinde.

Zur Person	Kriege	Das tat er...

geboren am 23.09.63 vor Christus

gegen die Germanen, die in unserem Land lebten

gründete neue Städte und Siedlungen

war der erste römische Kaiser

Wohlstand und Frieden für seine Leute

Name: ______________________________

Klasse: ______________________________

Der erste römische Kaiser: Augustus

Aufgabe: Lies den Text und fülle den Steckbrief aus.

Der erste römische Kaiser hieß Augustus. Die ersten Kaiser nannten sich alle Cäsar. Der Name Cäsar zeigte nachher an, welches Amt sie hatten. Später wurde der Name Cäsar der höchste Titel. Der Name zeigte an, dass der, der den Namen trug, ein Kaiser war. Kaiser Augustus wurde am 23.09.63 vor Christus geboren. Als Augustus geboren wurde, herrschte Julius Cäsar. Später verlieh der römische Senat Augustus den Namen Augustus. So hieß er nämlich vorher nicht. Er hieß Gaius Octavian. Er bekam den Namen Augustus, da dies übersetzt „Der Erhabene" bedeutet. Erhaben heißt, dass er über allen Menschen steht. Während Kaiser Augustus regierte, lebten die Menschen in Frieden. Auch ging es ihnen gut. Jedoch führte man nachher einen Krieg gegen die Germanen im Land.

Hier rechts im Bild seht ihr Kaiser Augustus.

Name: ______________________________

vorheriger Name: ______________________________

geboren am: ______________________________

Augustus bedeutet übersetzt: der ______________________________

Während Kaiser Augustus regierte, lebten die Menschen in ______________________________.

Jedoch führte er Krieg gegen die ______________________________ im Land.

Germanen – Erhabene – Frieden – 23.09. 63 vor Christus – Kaiser Augustus – Gaius Octavian

Name: ______________________________

Klasse: ______________________________

Liktoren: Diener der Herrscher

Aufgabe: Schneide aus und puzzel zusammen.

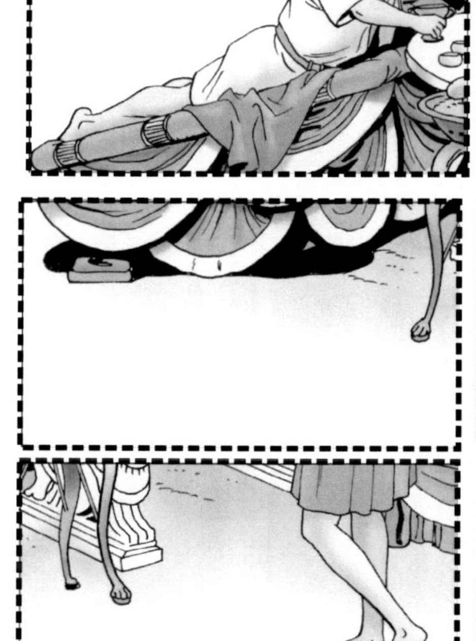

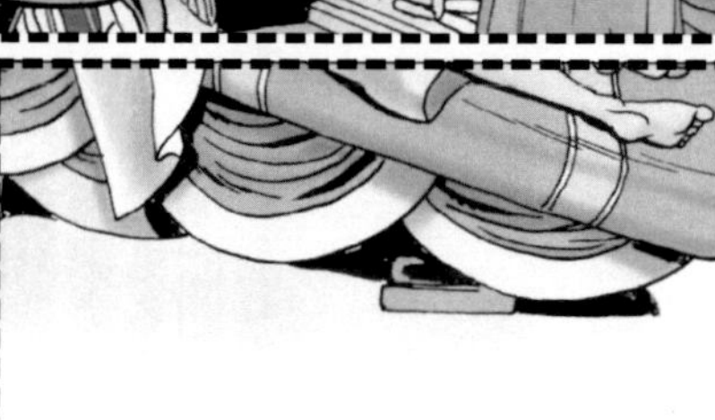

DIE RÖMER
... aus der Reihe: Inklusion KONKRET (Band 7) – Bestell-Nr. 12 694
KOHL VERLAG

Name: ______________________________

Klasse: ______________________________

Liktoren: Diener der Herrscher

Aufgabe: Verbinde den Text in der richtigen Reihenfolge.

Aus den Dienern wurden Beamte des Staates. Sie gingen bei öffentlichen Auftritten voran.

Mit diesem Beil wollte man die Macht zum Ausdruck bringen. Wenn jemand sehr berühmt war, so hatte er mehrere Liktoren.

Dieses Zeichen war ein so genannter Rutenbündel. In diesem Beutel war ein Beil, das man nicht sehen konnte.

Die Liktoren

Liktoren nannte man die Diener der Herrscher.

Manchmal waren sie auch Leibwächter. Um zu zeigen, dass sie die Beamten begleiteten, hatten sie ein Zeichen.

Name: ______________________________

Klasse: ______________________________

Liktoren: Diener der Herrscher

Aufgabe: Lies den Text und fülle den Lückentext aus.

Liktoren nannte man die Diener der Herrscher. Aus den Dienern wurden Beamte des Staates. Sie gingen bei öffentlichen Auftritten voran. Manchmal waren sie auch Leibwächter. Um zu zeigen, dass sie die Beamten begleiteten, hatten sie ein Zeichen. Dieses Zeichen war ein so genannter Rutenbündel. In diesem Beutel war ein Beil, das man nicht sehen konnte. Mit diesem Beil wollte man die Macht zum Ausdruck bringen. Wenn jemand sehr berühmt war, so hatte er mehrere Litoren. Ein Diktator hatte 24 Liktoren.

Die Diener der Herrscher nannte man ______________. Später machte man aus den Dienern ________________ des Staates. Eine der ________________ der Liktoren war es bei öffentlichen ____________________ voran zu gehen. Manchmal waren sie auch Leibwächter. Um zu zeigen, dass sie Liktoren waren, trugen sie ein ________________. Das war ein ________________. In diesem Beutel war ein Beil. Dieses ______________ konnte man nicht sehen. Man wollte mit dem Beil zum __________________ bringen, wie mächtig man war. Je berühmter jemand war, umso mehr Liktoren hatte er. Ein Diktator hatte _________ Liktoren.

24 – Rutenbündel – Auftritten – Beamte – Ausdruck – Beil – Zeichen Aufgaben – Liktoren

DIE RÖMER
... aus der Reihe: Inklusion KONKRET (Band 7) – Bestell-Nr. 12 694
KOHL VERLAG

Name: ________________________________

Klasse: ________________________________

Der Limes

Aufgabe: Schneide aus und puzzle.

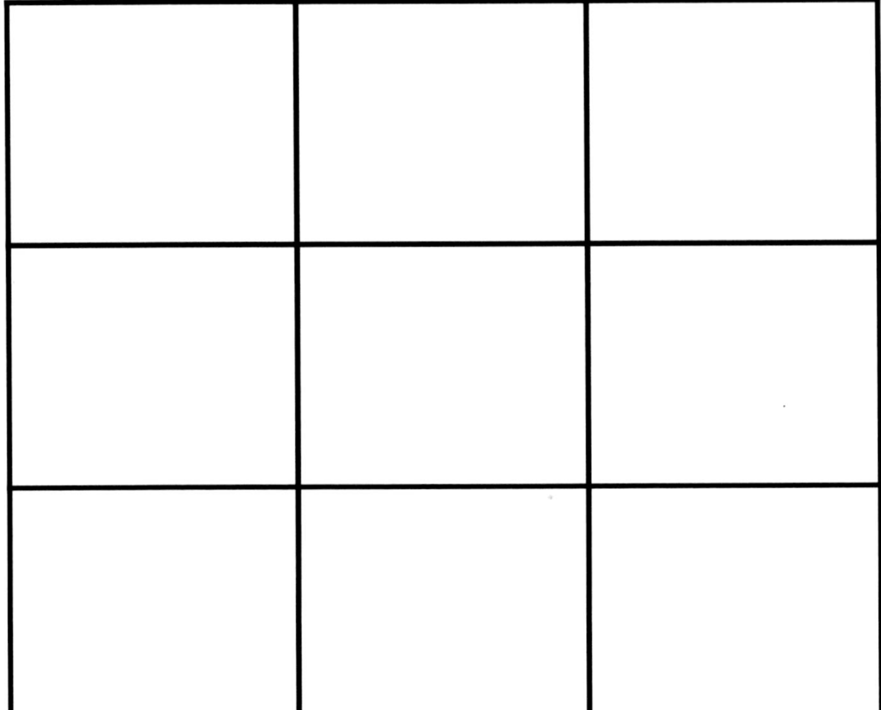

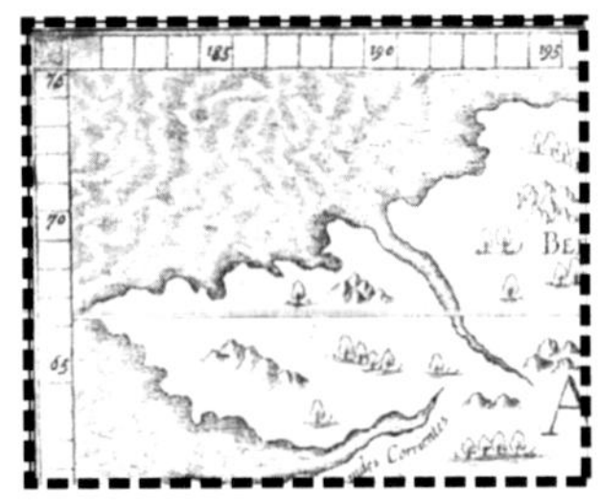

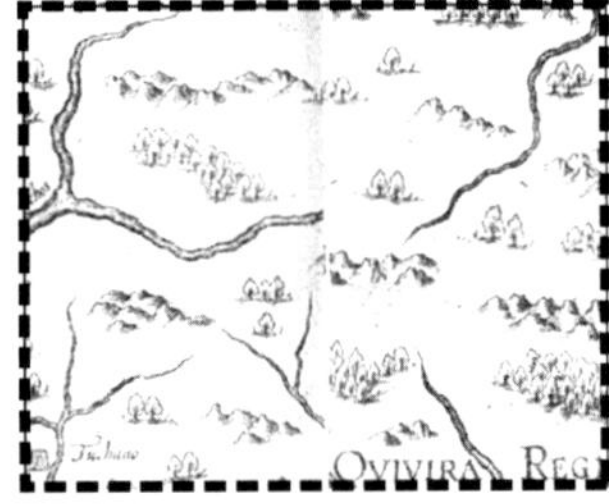

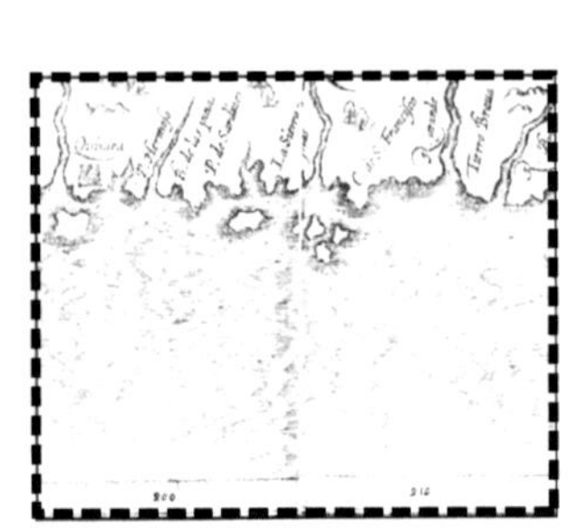

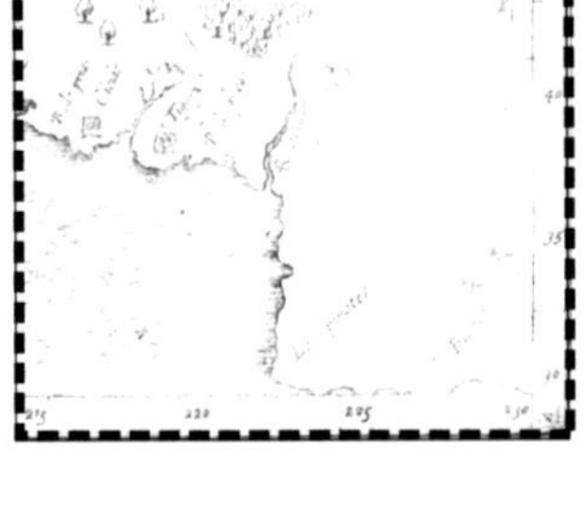

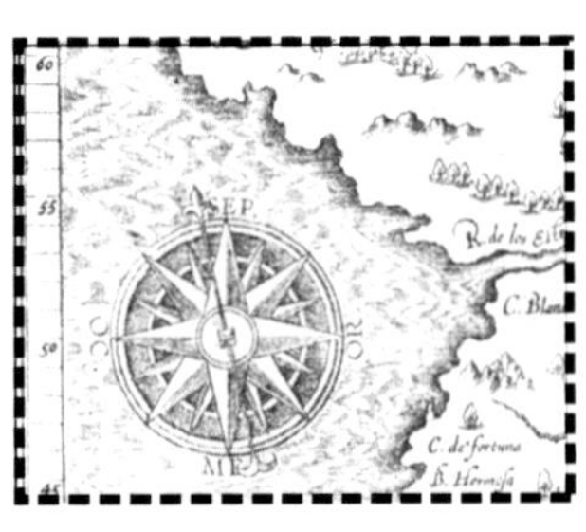

NIAN RENVM.

DIE RÖMER

Name: ______________________________

Klasse: ______________________________

Der Limes

Aufgabe: Schneide aus und klebe in die richtige Lücke ein.

Der ______________ war eine Grenze.

Man konnte sich gut gegen ______________ der Germanen verteidigen.

Ein Teil des Limes, war eine ______________. Sie war gut ausgebaut.

Damit keiner diese Straße angriff, kontrollierte man diese aus Kastellen. Das sind Ecken, aus denen man alles ______________ kann.

Manchmal war der Limes, also die ______________,auch ein einfacher Zaun.

Vor diesen Zaun hatte man einen tiefen Graben geschaufelt.

Und hinter dem Zaun war ein hoher Berg aus ______________.

so konnte man verhindern, dass jemand unerlaubtes rein kam und angriff.

Angriffe	Erde
sehen	Limes
Grenze	
Straße	

In so einer alten Karte waren die Grenzen (Limes) eingezeichnet.

DIE RÖMER
... aus der Reihe: Inklusion KONKRET (Band 7) – Bestell-Nr. 12 694
KOHL VERLAG

Name: ______________________________

Klasse: ______________________________

Der Limes

Aufgabe: Trage die Wörter in die richtige Lücke ein.

Der ________________ war eine Grenze.

Man konnte sich gut gegen ________________

der Germanen verteidigen.

Ein Teil des Limes, war eine ________________.

Sie war gut ausgebaut.

Damit keiner diese Straße angriff, kontrollierte man diese aus Kastellen. Das

sind Ecken, aus denen man alles ________________ kann.

Manchmal war der Limes, also die ________________, auch ein einfacher Zaun.

Vor diesen Zaun hatte man einen tiefen Graben geschaufelt.

Und hinter dem Zaun war ein hoher Berg aus ________________.

so konnte man verhindern, dass jemand unerlaubtes rein kam und angriff.

Angriff – Erde – sehen – Limes – Grenze – Straße

Name: ____________________

Klasse: ____________________

① ● ●

So lebte man im alten Rom

Aufgabe: Schneide aus und ordne zu.

In der Therme

Markttag

Beim Schminken und Frisieren.

DIE RÖMER
... aus der Reihe: Inklusion KONKRET (Band 7) – Bestell-Nr. 12 694
KOHL VERLAG

Name: ____________________

Klasse: ____________________

So lebte man im alten Rom

Aufgabe: Schneide aus und ordne zu.

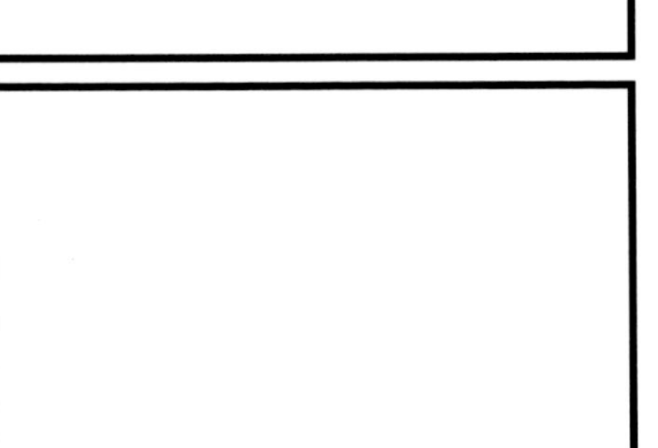

Die Therme war ein Badehaus. Der Eintritt war meistens frei. In der Therme konnte man nicht nur baden. Man konnte Sport treiben oder in einer Bibliothek Bücher lesen und sich ausruhen.

In der Therme

Die Frauen im alten Rom schminkten und frisierten sich gerne. Auch trugen sie gerne Ketten, Ohrschmuck, Ringe und Haarnadeln.

Den Markt nannte man im alten Rom macellum. Hier wurden Fleisch, Fisch und ganz besondere Köstlichkeiten verkauft. In großen Mengen durfte man dort nicht einkaufen.

Markttag

Beim Schminken und Frisieren.

KOHL VERLAG DIE RÖMER ... aus der Reihe: Inklusion KONKRET (Band 7) – Bestell-Nr. 12 694

Name: ______________________________

Klasse: ______________________________

3

So lebte man im alten Rom

Aufgabe: Schaue dir die Bilder an und trage ein. Vervollständige die Lückentexte.

In der Therme – Schminken und Frisieren – Auf dem Markt

____________	____________	____________
Den Markt nannte man im alten Rom ____________ . Hier wurden ____________, Fisch und ganz besondere Köstlichkeiten ____________. In großen ____________ durfte man dort nicht einkaufen.	Die ____________ war ein Badehaus. Der Eintritt war meistens ________. In der Therme konnte man nicht nur ________. Man konnte ____________ treiben oder in einer Bibliothek ____________ lesen und sich ____________.	Die ____________ im alten Rom schminkten und ____________ sich gerne. Auch trugen sie gerne Ketten, ____________ , Ringe und ____________ .
Fleisch – verkauft – macellum – Mengen	Sport – Therme – ausruhen frei – baden – Bücher	Ohrschmuck – Frauen – frisierten – Haarnadeln

DIE RÖMER
... aus der Reihe: Inklusion KONKRET (Band 7) – Bestell-Nr. 12 694
KOHL VERLAG

Name: ______________________________

Klasse: ______________________________

1

Ich muss so dringend: Toiletten in Rom

Aufgabe: Schaue dir das Bild an und höre zu.

Toiletten im alten Rom

Vorlesetext:
Eine Toilette stellst du dir bestimmt ganz anders vor. Früher hatten nur die sehr reichen Römer eine Toilette mit einer Wasserleitung. Die meisten mussten auf ein so genanntes **„Plumpsklo“** gehen. Es wurde einfach ein tiefes Loch entlang der Sitzreihe gegraben. Dann wurde die Sitzbank aus Holz darüber gebaut. Das war sehr unangenehm auf dem harten Holz zu sitzen. Die Römer waren aber schon sehr modern. Die Toilettenanlage durfte von jedem benutzt werden. Männer und Frauen saßen direkt nebeneinander.

DIE RÖMER ... aus der Reihe: Inklusion KONKRET (Band 7) – Bestell-Nr. 12 694
KOHL VERLAG

Name: ______________________________

Klasse: ______________________________

2

Ich muss so dringend: Toiletten in Rom

Aufgabe: Verbinde.

es stinkt	man muss nicht in die Natur gehen	es ist kostenlos

gut

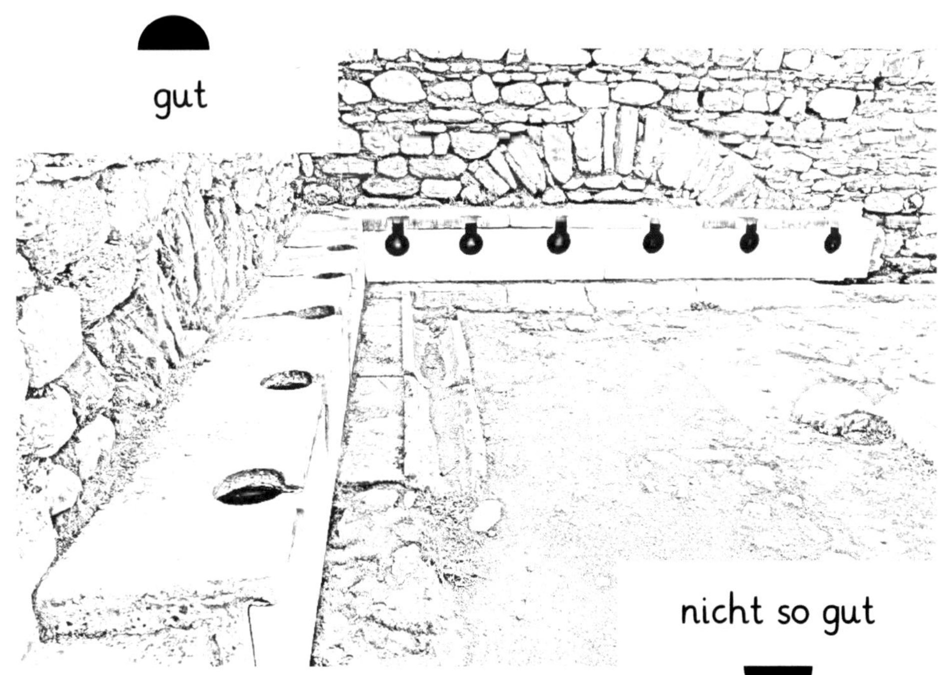

nicht so gut

es ist unangenehm	Frauen und Männer dürfen es benutzen	es gibt kein Wasser

DIE RÖMER
... aus der Reihe: Inklusion KONKRET (Band 7) – Bestell-Nr. 12 694
KOHL VERLAG

Name: ______________________________

Klasse: ______________________________

Ich muss so dringend: Toiletten in Rom

Aufgabe: Lies den Text und fülle den Lückentext aus.

Eine Toilette stellst du dir bestimmt ganz anders vor. Früher hatten nur die sehr reichen Römer eine Toilette mit einer Wasserleitung. Die meisten mussten auf ein so genanntes **„Plumpsklo"** gehen. Es wurde einfach ein tiefes Loch entlang der Sitzreihe gegraben. Dann wurde die Sitzbank aus Holz darüber gebaut. Das war sehr unangenehm auf dem harten Holz zu sitzen. Die Römer waren aber schon sehr modern. Die Toilettenanlage durfte von jedem benutzt werden. Männer und Frauen saßen direkt nebeneinander.

Eine ____________________ stellt man sich anders vor. Da aber nun einmal jeder auf Toilette muss, wurden im alten Rom tiefe ______________ entlang einer ____________________ ausgegraben. Darüber kam eine Sitzbank mit Löchern aus hartem Holz. Es war unangenehm dort zu sitzen. Diese Toiletten waren eine Art ________________. Der Vorteil war, dass die Toilettenanlage kostenlos war und Männer und ________________ sie benutzen durften. Sie saßen direkt nebeneinander. Nur reiche Römer hatten ____________________________.

Sitzreihe – Wasserleitungen – Frauen – Toilette – Löcher – Plumpsklo

DIE RÖMER
... aus der Reihe: Inklusion KONKRET (Band 7) – Bestell-Nr. 12 694

Name: ____________________

Klasse: ____________________

Römische Schrift

Aufgabe: Diese Schrift kennst du. Richtig. Du schreibst sie auch. Welche Buchstaben fehlen hier?

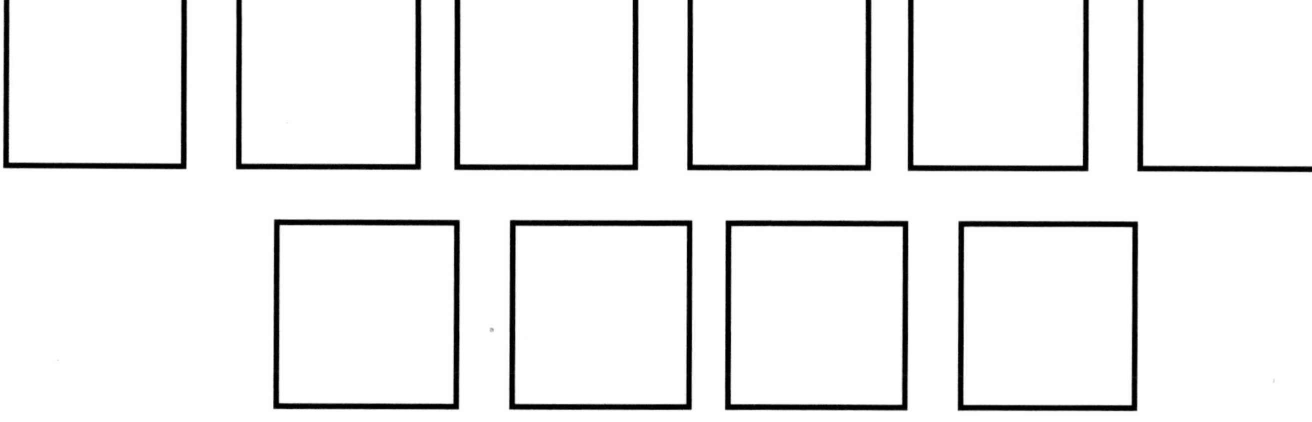

DIE RÖMER
... aus der Reihe: Inklusion KONKRET (Band 7) – Bestell-Nr. 12 694
KOHL VERLAG

Name: ______________________________

Klasse: ______________________________

2

Römische Schrift

Aufgabe: Lies dir die Aussagen durch und entscheiden, ob sie wahr oder falsch sind. Kreuze an.

Stimmt das?	wahr	falsch
Die Schrift sieht ganz anders aus, als unsere Schrift.		
Früher fehlten Buchstaben im Alphabet.		
Die Schrift sieht aus, als hätte man sie in Stein gehauen.		
Einige Buchstaben sind klein geschrieben.		

KOHL VERLAG DIE RÖMER ... aus der Reihe: Inklusion KONKRET (Band 7) – Bestell-Nr. 12 694

Name: ______________________________

Klasse: ______________________________

Römische Schrift

Aufgabe: Lies den Text und fülle den Lückentext aus.

In einem alten Stein hat man das römische Alphabet gefunden. Schaue es dir einmal genau an. Es fällt sofort auf, dass die Buchstaben unseren heutigen Buchstaben sehr ähnlich sind. Aber es sind nur Großbuchstaben. Sie wurden in Stein gehauen. Im römischen Alphabet fehlen einige Buchstaben, die wir heute in unserem Alphabet haben. Man haute früher die Buchstaben nicht nur in Stein, sondern schrieb auch auf Tafeln, die mit Wachs befüllt waren. Da kratzte man die Buchstaben in den Wachs. Wenn man das Wachs wieder warm gemacht hatte, waren die Buchstaben verschwunden.

Die ______________ im alten Rom ist unserer Schrift heute sehr ähnlich. Früher schrieb man aber nur in ____________________. Einige Buchstaben im alten Rom fehlten im Alphabet. Heute haben wir mehr Buchstaben. Die Schrift wurde in ____________ gehauen. Man schrieb aber auch auf ______________, die mit ______________ befüllt waren. So kratzte man die Buchstaben in den Wachs. Wenn man das Wachs erwärmte, waren die Buchstaben wieder ________________.

verschwunden – Wachs – Schrift – Stein – Großbuchstaben – Tafeln

DIE RÖMER
... aus der Reihe: Inklusion KONKRET (Band 7) – Bestell-Nr. 12 694
KOHL VERLAG

Name: ______________________________

Klasse: ______________________________

①

Sklaven im alten Rom

Aufgabe: Schneide aus und bilde den Satz.

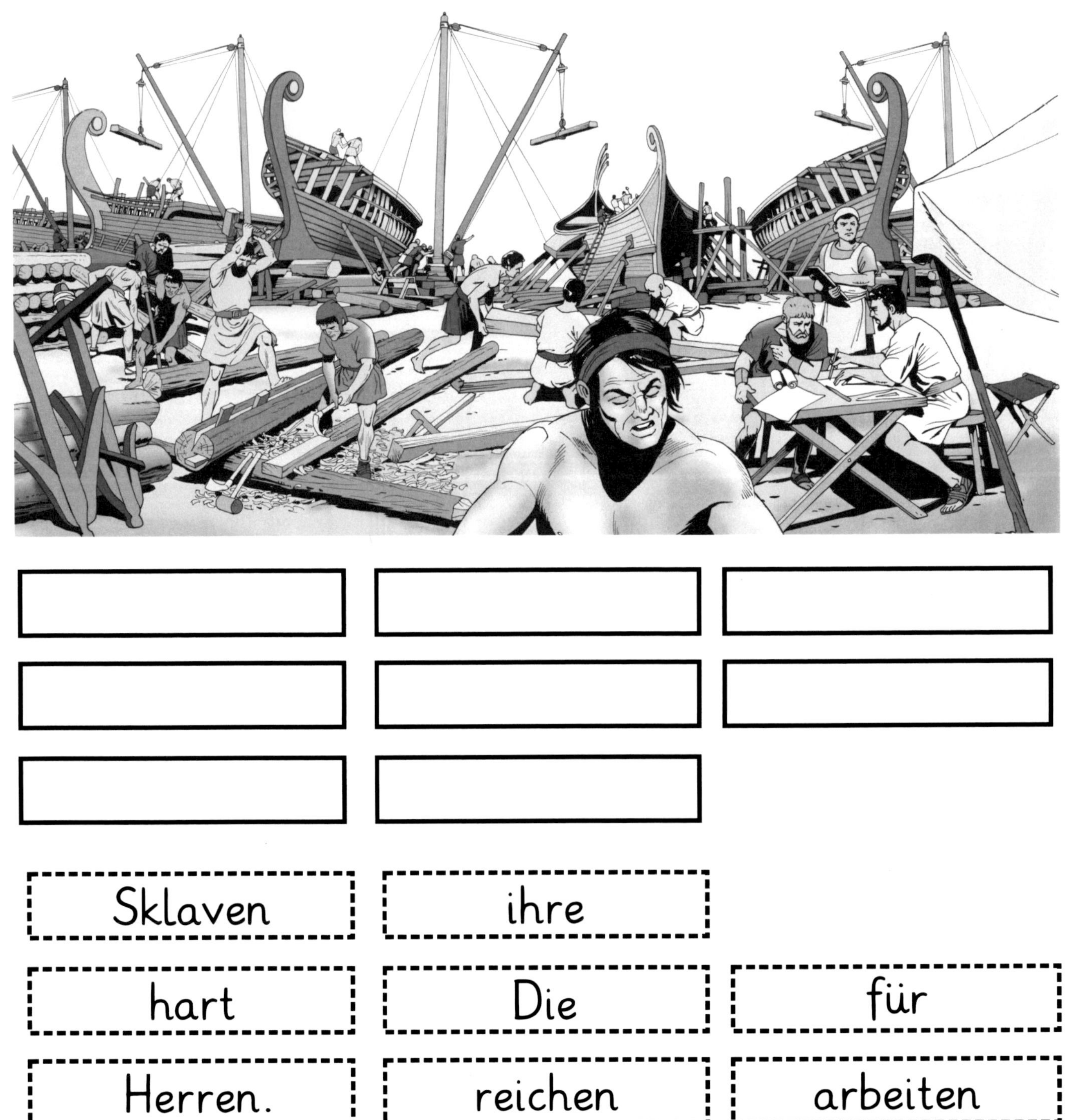

Sklaven	ihre	
hart	Die	für
Herren.	reichen	arbeiten

DIE RÖMER
... aus der Reihe: Inklusion KONKRET (Band 7) – Bestell-Nr. 12 694
KOHL VERLAG

Name: ______________________

Klasse: ______________________

2

Sklaven im alten Rom

Aufgabe: Welcher Satz kommt wann dran? Nummeriere.

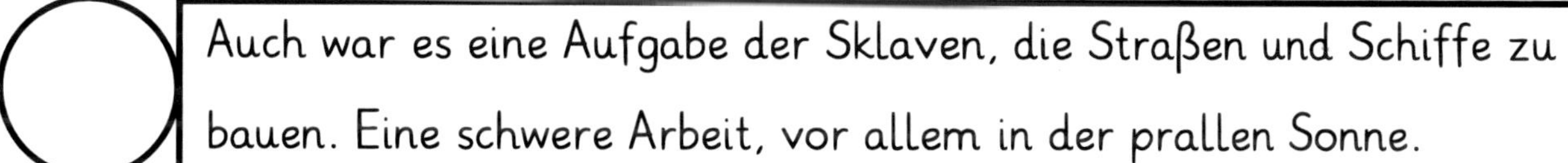

◯ Auch war es eine Aufgabe der Sklaven, die Straßen und Schiffe zu bauen. Eine schwere Arbeit, vor allem in der prallen Sonne.

◯ Eine andere Aufgabe der Sklaven war es, das Badehaus anzuheizen. Die meisten Badehäuser hatten eine Fußbodenheizung.

◯ Die Arbeit der Sklaven war sehr hart. Sie mussten meistens schwere Dinge schleppen oder bauen. Das Bild zeigt es.

◯ Diese Fußbodenheizung musste mit Holz angefeuert werden. Das mussten die Sklaven machen.

2,3,1,4

DIE RÖMER
... aus der Reihe: Inklusion KONKRET (Band 7) – Bestell-Nr. 12 694
KOHL VERLAG

Name: ______________________________

Klasse: ______________________________

Sklaven im alten Rom

Aufgabe: Lies den Text und fülle den Lückentext aus.

Sklaven waren meistens Menschen, die während eines Krieges gefangen genommen worden waren. Sie mussten schwere Arbeiten verrichten, zum Beispiel Schiffe bauen, die Öfen in der Therme anheizen und Straßen bauen. Die Arbeiten waren sehr hart. Die Sklaven wurden in die Arena geschickt, um gegen wilde Tiere oder andere Sklaven zu kämpfen. Das geschah zur Belustigung der Römer. Wenn die Sklaven gut gearbeitet haben, so wurden sie auch gut behandelt.

Sklaven waren meistens Menschen, die während des ________________ von den Römern gefangen genommen wurden. Sie mussten schwere und unangenehme Arbeiten verrichten. Unter anderem mussten sie die Öfen in der ________________ anheizen, Schiffe oder ________________ bauen. Die Arbeit war sehr hart. Auch mussten die Sklaven in einer ________________ gegen wilde ________________ oder andere Sklaven kämpfen. Dies geschah, damit sich die Römer belustigen konnten. Wenn ein Sklave eine gute ________________ verrichtete, so wurde auch gut mit ihm umgegangen.

Therme – Krieges – Arena – Straßen – Arbeit – Tiere

DIE RÖMER
... aus der Reihe: Inklusion KONKRET (Band 7) – Bestell-Nr. 12 694
KOHL VERLAG

Name: ______________________________

Klasse: ______________________________

Brücken und Straßen

Aufgabe: Schaue dir die Bilder an und erzähle was du siehst.

Redehilfen:

- manchmal wurden die Brücken übereinander gebaut. Das war stabiler.
- die Straßen waren gepflastert und stabil.
- es fuhren auch Pferdewagen durch die Straßen.

DIE RÖMER
... aus der Reihe: Inklusion KONKRET (Band 7) – Bestell-Nr. 12 694
KOHL VERLAG

Name: ______________________________

Klasse: ______________________________

Brücken und Straßen

Aufgabe: Schneide aus und ordne zu.

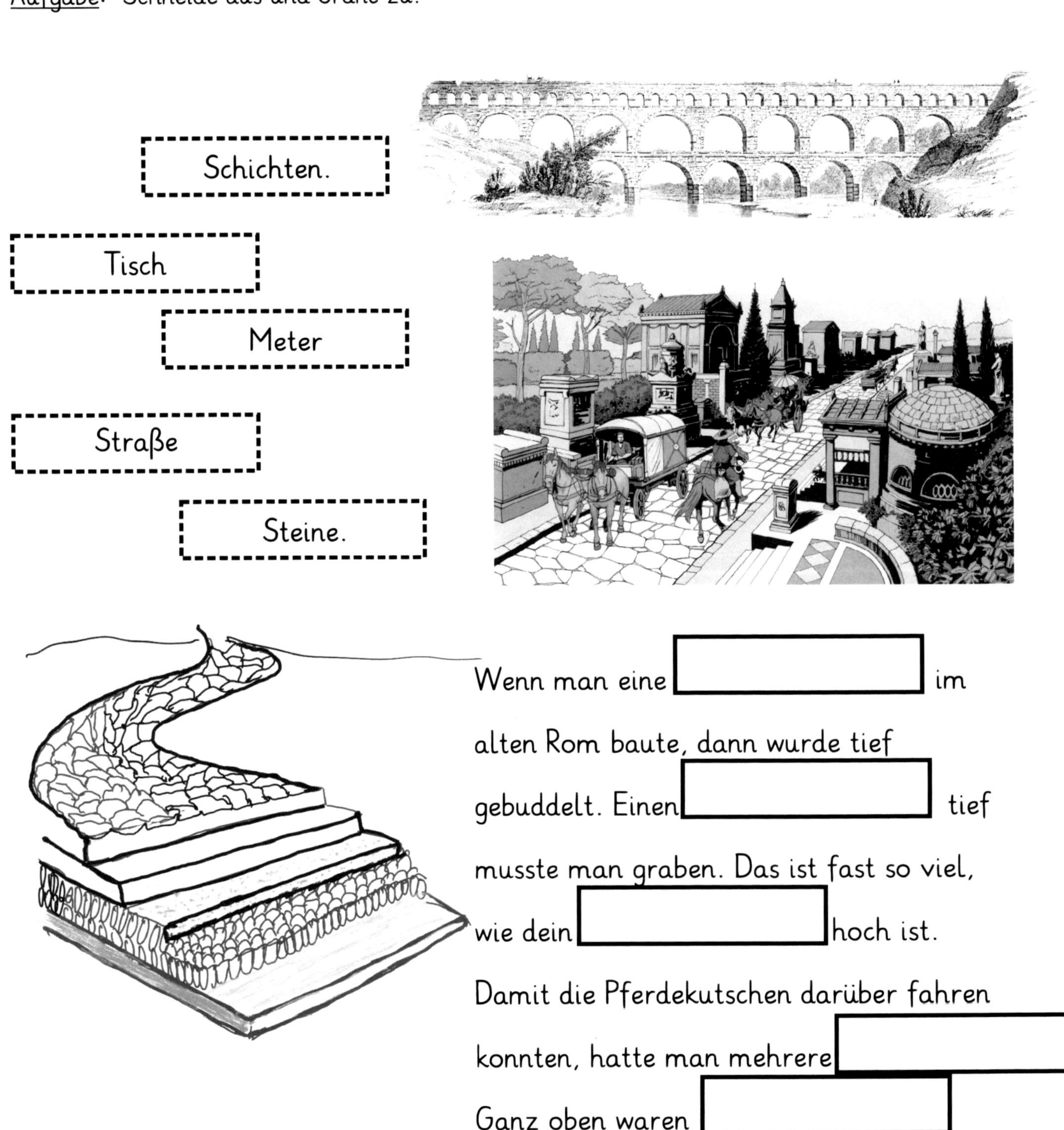

Schichten.

Tisch

Meter

Straße

Steine.

Wenn man eine ________ im alten Rom baute, dann wurde tief gebuddelt. Einen ________ tief musste man graben. Das ist fast so viel, wie dein ________ hoch ist. Damit die Pferdekutschen darüber fahren konnten, hatte man mehrere ________ Ganz oben waren ________

DIE RÖMER ... aus der Reihe: Inklusion KONKRET (Band 7) – Bestell-Nr. 12 694
KOHL VERLAG

Name: ______________________________

Klasse: ______________________________

Brücken und Straßen

Aufgabe: Lies den Text. Beschrifte die Zeichnung.

So schöne Straßen, wie auf dem Bild, fand man meist nur im alten Rom. Die Römer waren gute Straßen- und Brückenbauer. Dadurch gelang es ihnen, gute Wege für Transport zu gestalten. Man konnte Waren schnell über die Straße von einer Stadt zur anderen Stadt bringen. Auch wenn die Römer in den Krieg zogen, konnten sie schnell ihre Sachen transportieren.

Die Straßen waren sehr stabil gebaut. Dazu musste man erst einmal ein Loch buddeln, das mindestens 1 Meter tief war. Ganz unten kam gestampfter Lehm hinein. Darauf wurden Steine gelegt. Auf die Steine legte man kleine und große Kiesel. Und auf die Kiesel legte man dann Steinblöcke. Jetzt konnte Pferdewagen ungehindert über die Straßen fahren.

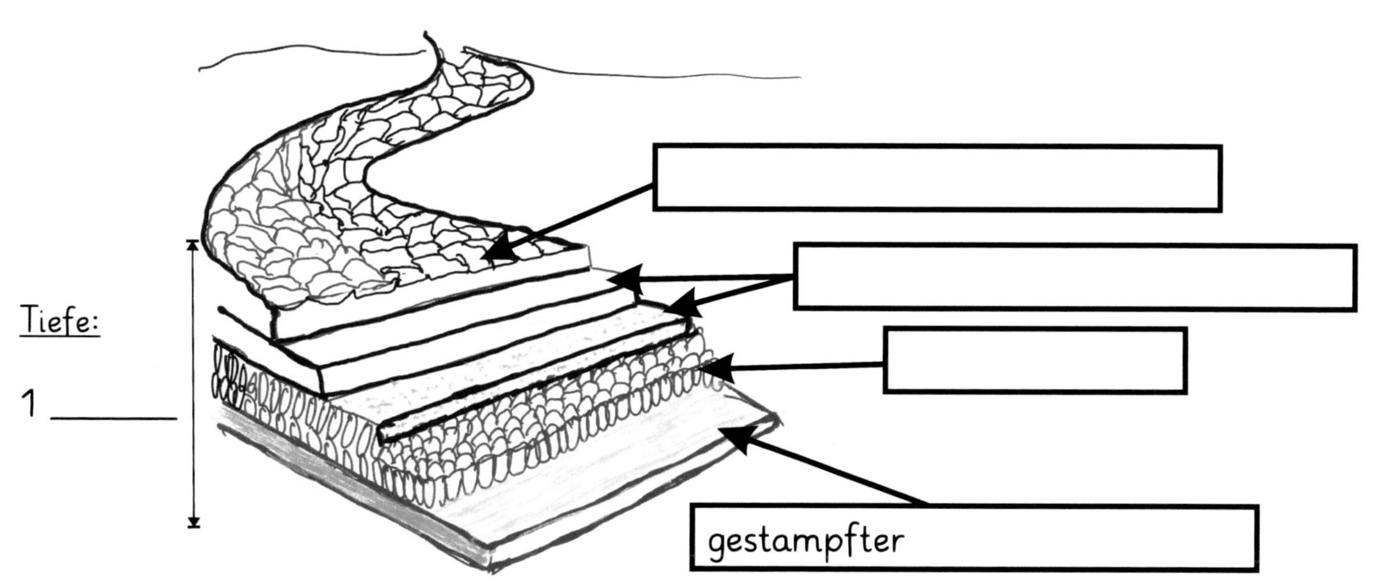

Lehm – Meter – kleine und große Kiesel – Steine – Steinblöcke

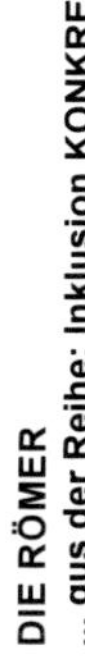
DIE RÖMER
... aus der Reihe: Inklusion KONKRET (Band 7) – Bestell-Nr. 12 694
KOHL VERLAG

Sachunterricht

Klasse 1 2 3 4

Gabriela Rosenwald

Der menschliche Körper

Inhalt: Mein Körper (Körperteile, von Kopf bis Fuß ...); Unsere Knochen (Skelett, Wirbelsäule ...); Ich kann meinen Körper bewegen (Gelenke, Muskeln, Sehnen, Bänder ...); Unsere Organe (Leib, Herz ...); Der Blutkreislauf und unser Blut, Atmung und Atmungsorgane; Was geschieht mit der Nahrung im Körper?; Nieren und Wasserhaushalt; Geschlechtsorgane; Gehirn; Unsere Sinne u.v.m.

60 Seiten	11 579	ab 14,49 €

1 2 3 4

Gabriela Rosenwald

Der Straßenverkehr

Wie verhalte ich mich richtig?

Schon unsere jüngsten Schüler sind Fußgänger, Radfahrer, Beifahrer im Auto und Nutzer öffentlicher Verkehrsmittel. Ein Grund, sich mit den wichtigsten Regeln und Verkehrszeichen auszukennen und mehr Sicherheit im Verkehr zu erreichen. Diese Kopiervorlagen zeigen auch das richtige Verhalten als Radfahrer und den Umgang mit dem „Drahtesel".

48 Seiten	12 319	ab 12,49 €

1 2 3 4

Birgit Brandenburg & Stefanie Hautkappe

Die Technik

Inhalt: Nützliche Werkzeuge; Traktor & Co (Hydraulikversuch, Traktor, Wie funktioniert eine Dampfmaschine?, LKW & Bagger); Hightech der Riesen (Schneidwerk & Dreschtrommel, Der Mähdrescher, Korntank); Der Eisenbahn; Technische Zeichnungen (Dreitafelprojektion, Perspektiven); Technik im Haushalt (Wasserkocher, Temperaturschalter); Technik im Alltag (Brückenarten, Zeitmessung u.v.m.)

60 Seiten	11 018	ab 13,49 €

1 2 3 4

Gabriela Rosenwald

Mobilität & Verkehr

Alles rund um Verkehrsmittel unter der Lupe

Inhalt: Fußgänger, öffentliche Verkehrsmittel, Auto, LKW, Fahrrad, Roller, Inliner, helle Kleidung, Reflektoren, Regeln im Straßenverkehr, Verkehrssinn trainieren, Ursachen für Mobilität: Ferien, Reisen, Flucht, Mobilität von Waren, Schulweg u.v.m.

48 Seiten	11 805	ab 11,99 €

1 2 3 4

Barbara Theuer

Die Energie

Energiegewinnung mit Wind und Wasser und Umsetzung

Inhalt: Wo steckt hier Energie?; Über die Sonne und andere Energiequellen; Welche Energiequellen kennst du?; Energieformen (mechanische, elektrische, thermische Energie ...); Was Energie kostet; Mühlrad; Von heißem Dampf und nützlichen Maschinen; Elektrischer Strom und seine Erzeugung; Energie aus dem Meer; Zukunftsenergien u.v.m.

72 Seiten	11 212	ab 14,49 €

1 2 3 4

Sonderpädagogischer Förderbedarf

In drei Niveaustufen aufgeteilt präsentiert sich das neue Material zur sonderpädagogischen Förderung für Schüler*innen mit einer Lernbehinderung. Komplexe Themen werden anschaulich und verständlich dargestellt. Liebevolle Illustrationen und leicht verständliche Sachtexte erleichtern es, sich mit dem Fachwissen zu beschäftigen. Die Themeninhalte sind an den Kernlehrplänen der Regelschulen orientiert, sodass eine Differenzierung leicht ermöglicht werden kann und Inklusion gelebt wird. Alle machen mit!

NEU

Anni Kolvenbach

Ökosystem Wald

NEU

Themeninhalte:

- So eine Pflanze hat es schwer (biotische und abiotische Faktoren)
- Baumarten
- Pflanzenwachstum
- Stockwerke des Waldes
- Wald im Jahresverlauf
- Nutzen des Waldes
- Tiere des Waldes

FÖ INK

32 Seiten	12 602	ab 11,99 €

3 4

Anni Kolvenbach

Bäume und Pflanzen

NEU

Sich mit Bäumen und Pflanzen zu beschäftigen, ist recht anschaulich, kann aber für Kinder mit einer Lernbehinderung zu einer wirklichen Hürde werden. Dieses Arbeitsheft gliedert jedes einzelne Thema in drei Niveaustufen, sodass eine leichte Differenzierung möglich ist.

Aus dem Inhalt: Pflanzenaufbau / Aufbau eines Baumes / Fotosynthesereaktion / Frühblüher / Weiterleitung innerhalb eines Baumes / Bäume im Herbst und Winter

32 Seiten	12 607	ab 11,99 €

FÖ INK — 3 4

Anni Kolvenbach

Ökosystem Gewässer

NEU

Liebevolle Illustrationen und leicht verständliche Sachtexte erleichtern es, sich mit dem Fachwissen zu beschäftigen.

Themeninhalte u.a.:

- Gewässerarten
- Biotische und abiotische Faktoren in Gewässern
- Schweben im Wasser
- Ein See im Verlauf des Jahres
- Nahrungsketten

32 Seiten	12 603	ab 11,99 €

FÖ INK — 3 4

Anni Kolvenbach

Plankton — Das Schweben im Wasser

NEU

Gerade bei Themen, die nicht besonders greifbar sind, ist eine anschauliche Vermittlung unerlässlich. Dieses Arbeitsheft möchte die komplexe Thematik des „Plankton" Schüler*innen mit Förderbedarf auf drei Niveaustufen differenziert näherbringen.

Aus dem Inhalt: Einzeller / Mehrzeller / Pantoffeltierchen / Zellteilung

32 Seiten	12 693	ab 11,99 €

FÖ INK — 3 4

Anni Kolvenbach

Haus- und Nutztiere

NEU

Tiere begeistern Schüler*innen, nur sind die verschiedenen anatomischen Bestandteile schwer vermittelbar. Dieses Arbeitsheft soll durch anschauliche Grafiken und leicht verständliche Texte dazu beitragen, diese Zusammenhänge erfassen zu können.

Aus dem Inhalt: Vom Wolf zum Hund / Verhalten des Hundes / Die Katze / Das Rind / Das Schwein / Das Pferd / Der moderne Bauernhof u.v.m.

32 Seiten	12 608	ab 11,99 €

FÖ INK — 3 4

Anni Kolvenbach

Wir entdecken Deutschland

NEU

Die Reihe „Inklusion konkret" bietet diese anschauliche Arbeitsmappe für das Unterrichtsfach „Erdkunde". Die Bundesländer Deutschlands zu erkunden ist vielfältig, stellt aber im sonderpädagogischen Bereich für Kinder mit einer Lernbehinderung eine Besonderheit dar. Die räumliche Orientierung, sowie das Fachwissen zu den jeweiligen Bundesländern wird auf anschauliche und leicht verständliche Weise geschult.

60 Seiten	12 604	ab 14,49 €

FÖ INK — 3 4

Anni Kolvenbach

Von den ALPEN bis zur KÜSTE

NEU

Die Reihe „Inklusion konkret" bietet auch diese anschauliche Arbeitsmappe für das Unterrichtsfach „Erdkunde". Die Lebensräume von den Alpen bis zur Küste zu erkunden ist vielfältig, stellt aber im sonderpädagogischen Bereich für Kinder mit einer Lernbehinderung eine Besonderheit dar. Die räumliche Orientierung, sowie das Fachwissen wird auf anschauliche und leicht verständliche Weise geschult.

32 Seiten	12 723	ab 11,99 €

FÖ INK — 3 4

Anni Kolvenbach

Griechen, Römer, Steinzeit

NEU

Der Geschichtsunterricht sollte anschaulich gestaltet sein, damit Personen und Lebensweisen aus Vorzeiten begriffen werden. Auf diese Weise sind diese drei spannenden Epochen der Menschheit aufbereitet und bereit für Ihren Unterricht.

Griechen	12 695	ab 11,99 €
Römer	12 694	ab 11,99 €
Steinzeit	12 714	ab 11,99 €

je 32 Seiten

FÖ INK — 3 4